Caballo miniatura

Grace Hansen

Abdo
CABALLOS
Kids

abdopublishing.com

Published by Abdo Kids, a division of ABDO, P.O. Box 398166, Minneapolis, Minnesota 55439.

Copyright © 2018 by Abdo Consulting Group, Inc. International copyrights reserved in all countries. No part of this book may be reproduced in any form without written permission from the publisher.

Printed in the United States of America, North Mankato, Minnesota.

052017

092017

THIS BOOK CONTAINS RECYCLED MATERIALS

Spanish Translator: Maria Puchol

Photo Credits: AP Images, Depositphotos Enterprise, iStock, Shutterstock

Production Contributors: Teddy Borth, Jennie Forsberg, Grace Hansen

Design Contributors: Dorothy Toth, Laura Mitchell

Publisher's Cataloging in Publication Data

Names: Hansen, Grace, author.

Title: Caballo miniatura / by Grace Hansen.

Other titles: Miniature horses. Spanish

Description: Minneapolis, Minnesota : Abdo Kids, 2018 | Series: Caballos |
    Includes bibliographical references and index.

Identifiers: LCCN 2016963372 | ISBN 9781532102042 (lib. bdg.) |
    ISBN 9781532102844 (ebook)

Subjects: LCSH: Miniature horses--Juvenile literature. | Spanish language
    materials--Juvenile literature.

Classification: DDC 636.1/09--dc23

LC record available at http://lccn.loc.gov/2016963372

Contenido

Los caballos miniatura

Los caballos miniatura pueden confundirse con los ponis. Son caballos adultos, solamente son muy pequeños.

4

Se han **criado** durante más de 400 años. Hace mucho tiempo, estos caballos trabajaban en las minas de carbón. También fueron mascotas para la realeza.

Hoy en día la **cría** de estos caballos es algo serio. El objetivo es crear el caballo perfecto más pequeño posible. Todas las partes de su cuerpo tienen que estar **a escala**.

8

Los caballos miniatura pueden ser de los mismos colores que cualquier caballo. También pueden tener cualquier marca o **diseño**.

El caballo miniatura pesa entre 150 y 250 libras (de 68 a 113 kg). Un caballo normal puede pesar entre 840 y 2,200 libras (de 381 a 998 kg).

Los caballos miniatura adulto deben medir 2.8 pies o menos (85 cm). Un caballo normal puede medir de 4.7 a 6 pies de altura (de 143 a 183 cm).

Los caballos recién nacidos
se llaman potros. Un potro
de caballo miniatura pesa 20
libras (9kg). Normalmente
mide 1.3 pies de altura (40 cm).

Personalidad

Los miniatura son caballos pequeños en todos los aspectos. ¡Sin embargo, tienen una gran personalidad! Son caballos inteligentes, cariñosos y **curiosos**.

18

Los caballos miniatura son mansos. Son agradables con las personas. Los niños pequeños pueden aprender a montar a caballo tranquilamente con estos caballos.

Más datos

- El caballo miniatura sólo puede cargar 60 libras (27 kg) en su espalda.

- Aunque estos caballos no son tan buenos para montar, sí son buenos para tirar de pequeños carros.

- Los miniatura trabajaron en las minas de carbón porque podían entrar en los espacios pequeños.

Glosario

criar – reproducir más animales.

curioso – tener ganas de explorar y aprender.

diseño – dibujo repetido.

a escala – reducir de forma proporcional.

Índice

abdokids.com

¡Usa este código para entrar en abdokids.com y tener acceso a juegos, arte, videos y mucho más!

Código Abdo Kids:
HMK9282